CREATIVE

I0106104

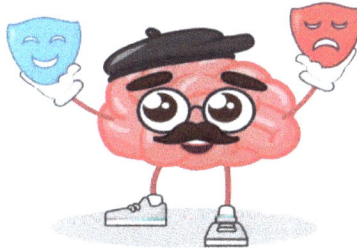

IDEA

CREATIVE

SNEAKY PRESS

©Copyright 2023
Pauline Malkoun

The right of Pauline Malkoun to be identified as author of this work has been asserted by them in accordance with Copyright, Designs and Patents Act 1988.

All Rights Reserved.

No reproduction, copy or transmission of this publication may be made without written permission.
No paragraph of this publication may be reproduced, copied or transmitted save with the written permission of the publisher, or in accordance with the provisions of the Copyright Act 1956 (as amended).

Any person who commits any unauthorized act in relation to this publication may be liable to criminal prosecution and civil claims for damages.

A catalogue record for this work is available from the National Library of Australia.

ISBN 9781922641977

Sneaky Press is the imprint of Sneaky Universe.
www.sneakyuniverse.com
First published in 2023

Sneaky Press
Melbourne, Australia.

Il Libro dei Fatti Casuali del Cervello

Sneaky Press

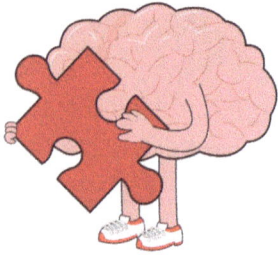

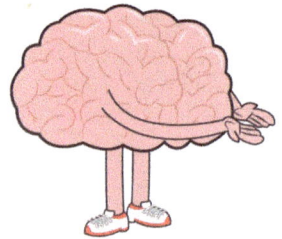

Contenuti

Fatti casuali sul cervello umano

Il cervello umano medio è lungo 167 mm, largo 140 mm e alto 93 mm.

La maggior parte delle persone ha circa 70.000 pensieri ogni giorno!

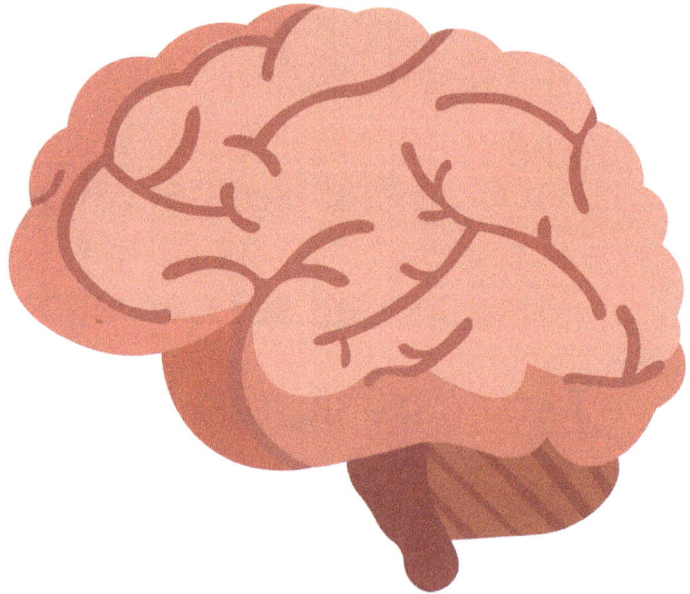

Il cervello umano ha circa 100.000.000.000 (100 miliardi) di neuroni - sì, 1 seguito da 12 zeri.

Il cervello di una mosca contiene solo 337.856 neuroni, approssimativamente lo 0,0003% del numero di neuroni presenti in un cervello umano.

Il cervello umano triplica le sue dimensioni nel primo anno di vita.

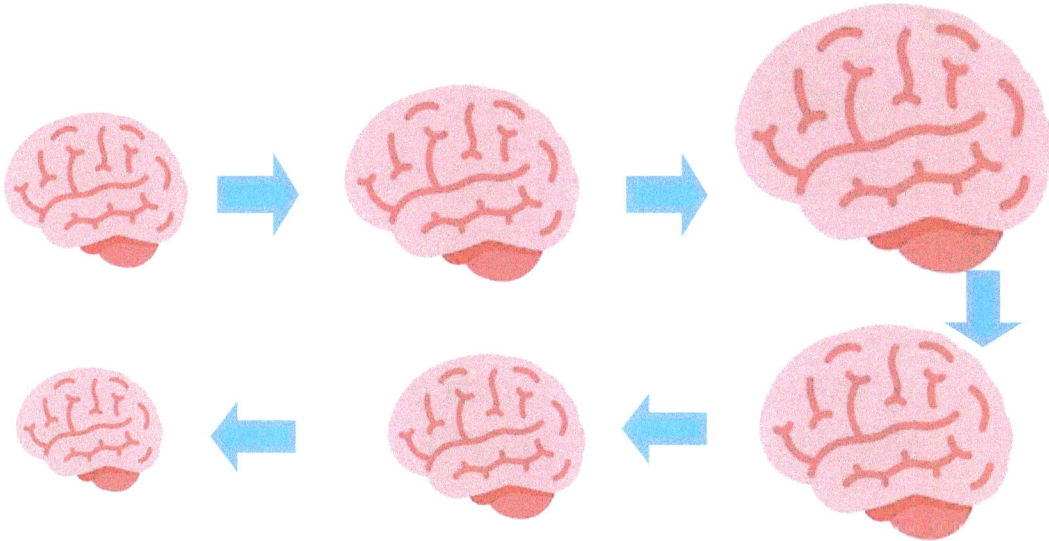

Il cervello si restringe dello 0,25% in massa ogni anno dopo i 30 anni.

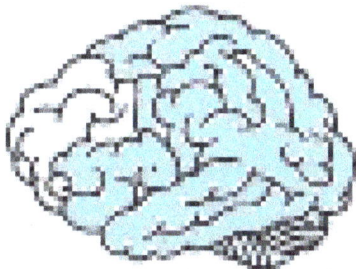

Circa il 75% del cervello umano è costituito da acqua.

In media

Più piccolo della media

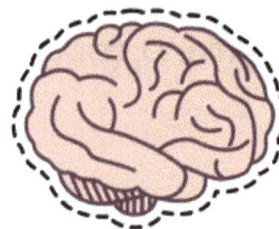

Il cervello umano più pesante mai registrato pesava circa 2300 grammi. Il cervello medio pesa circa 1400 grammi.

Il cervello del grande fisico Albert Einstein pesava 1.230 grammi.

Il luogo in cui si trovava il cervello di Albert Einstein è stato sconosciuto per oltre 20 anni.

Il patologo che ha effettuato l'autopsia lo rubò e lo conservò in un barattolo.

Il cervello umano utilizza meno energia rispetto alla luce di un frigorifero ogni giorno - 12 watt di potenza.

Questa è la *stessa* quantità di energia contenuta in due banane grandi. *Anche se* potrebbe sembrare molto efficiente dal punto di vista energetico, consuma molta energia.

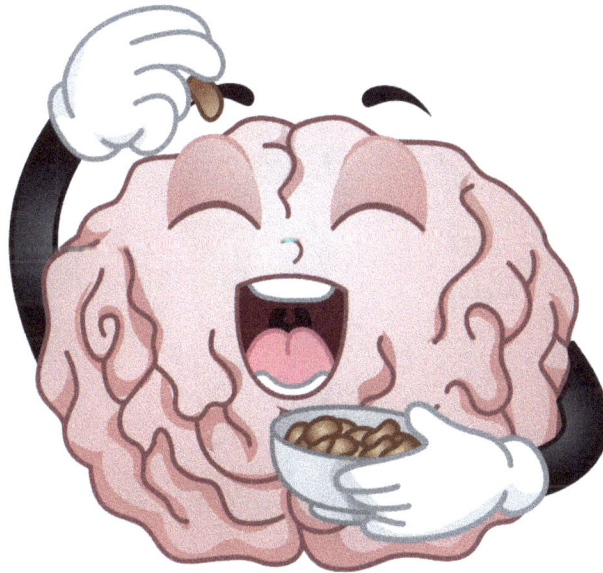

Rappresenta solo il 3% del peso corporeo ma consuma il 17% dell'energia totale del corpo. Utilizza anche il 15-20% dell'ossigeno fornito al corpo.

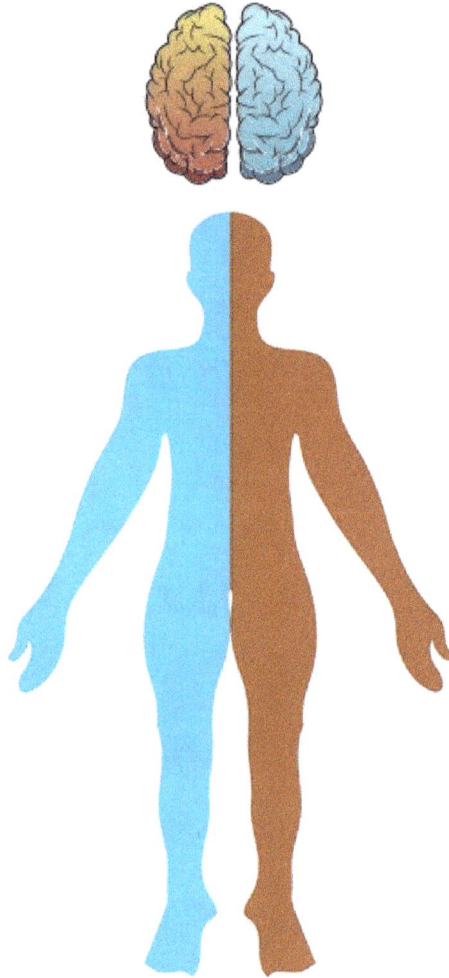

Il lato destro del cervello controlla il lato sinistro del corpo e il lato sinistro del cervello controlla il lato destro del corpo.

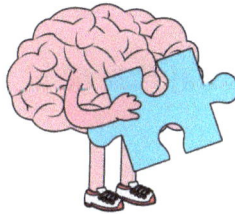

Fatti casuali sul cervello animale

Il cervello di un'ape operaia pesa solo circa 1 milligrammo.

Il cervello di un koala adulto pesa circa 19 grammi.

Il cervello medio di un gatto domestico pesa circa 30 grammi.

Il cervello di uno squalo bianco pesa meno di 45 grammi. Quasi il 20% di questo piccolo cervello per una creatura così grande è dedicato al senso dell'olfatto.

Il cervello di un'orca pesa circa 5.000 grammi.

Il cervello medio di un elefante pesa circa 6.000 grammi.

L'animale con il cervello più grande è il capodoglio. Pesa circa 9.000 grammi.

L'esofago (la parte del corpo che collega la bocca allo stomaco) passa proprio attraverso il cervello nel polpo.

Fatti casuali sullo studio del cervello

Lo studio della struttura del cervello (e del sistema nervoso) è chiamato neuroscienza.

La psicologia è lo studio di come il cervello influisce sul comportamento.

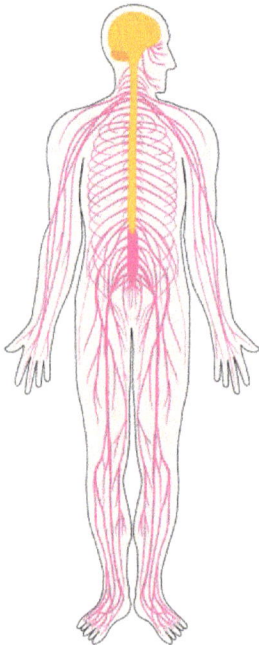

Il cervello fa parte del sistema nervoso centrale che include anche il midollo spinale.

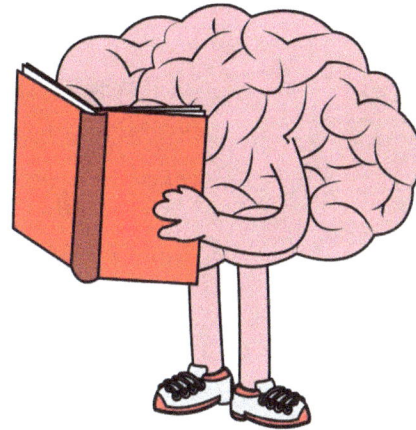

Ci sono oltre 7.000 cervelli in una Banca dei Cervelli di Harvard utilizzati per la ricerca.

Ci sono stati interventi chirurgici al cervello riusciti fin dall'Età della Pietra.

"Iceberg cerebrale", il mal di testa che talvolta si avverte quando si mangia qualcosa di freddo, ha il nome scientifico di "ganglioneuralgia sphenopalatina".

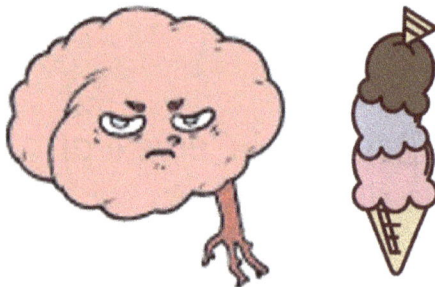

L'attività elettrica del cervello è stata registrata per la prima volta nel 1875.

Il cervello produce una gamma di onde cerebrali a seconda del grado di attenzione di una persona.

Quando sei sveglio e vigile, le tue onde cerebrali sono brevi e frequenti: queste onde sono chiamate "onde alfa".

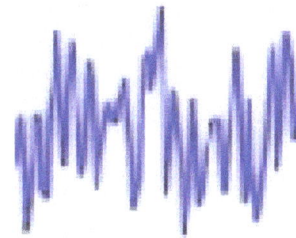

Quando sei quasi addormentato, le tue onde cerebrali sono più alte e un po' più lente: queste onde sono chiamate "onde Theta".

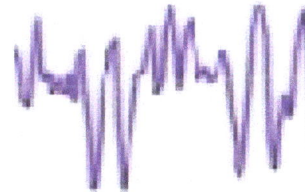

Quando sei nel sonno profondo, le tue onde cerebrali sono al massimo e al minimo: queste onde sono chiamate "onde Delta".

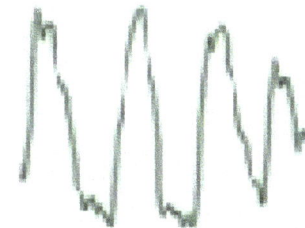

Antiche credenze sul cervello

L'insonnia poteva essere curata mettendo un corno di capra sotto la testa di una persona mentre dormiva.

L'ansia causata da brutti sogni sarebbe scomparsa se una persona avesse raccontato i suoi sogni al sole.

Sfregare i dentini dei bambini con il cervello di un coniglio è un vecchio rimedio popolare creduto per prevenire la carie dentale.

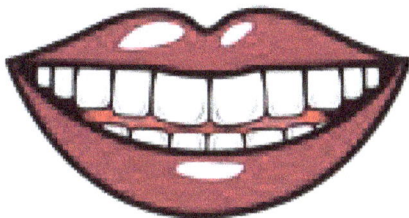

L'antico filosofo greco Aristotele credeva che il cervello fosse un dispositivo di raffreddamento per il corpo umano.

Altri Fatti Casuali sul Cervello

Il 4 marzo 2001, il neurochirurgo Dr. Scott R. Gibbs gonfiò per la prima volta una mongolfiera alta 9 piani a forma di cervello.

Il Dalai Lama tiene un modello di plastica del cervello sulla sua scrivania a casa.

Ci sono oltre 100 film con la parola "cervello" nel titolo.

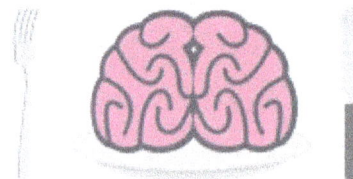

Nel III secolo, si diceva che l'imperatore romano Eliogabalo avesse mangiato 600 cervelli di struzzo in un unico pasto.

Minerva era l'antica dea romana della saggezza e della guerra. Era figlia di Giove e nacque balzando fuori dal cervello di Giove, adulta e ricoperta da un'armatura.

Gli egiziani solitamente rimuovevano il cervello attraverso il naso durante il processo di mummificazione.

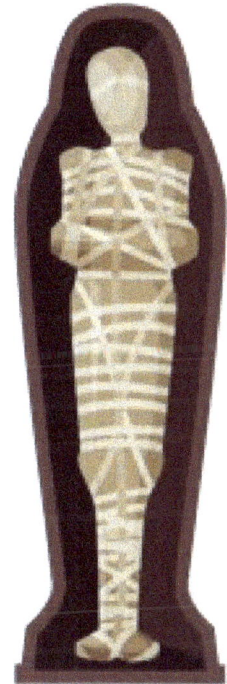

Il primo uso registrato della parola "cervello" risale a circa il 1.700 a.C.

William Shakespeare utilizza la parola "cervello" 66 volte nelle sue opere teatrali.

Enigmi del Cervello

1. Più mi asciugo, più divento bagnato.
Chi sono?

2. Ho un viso e due mani, ma nessun braccio.
Chi sono?

3. Salgo ogni giorno. Non scendo mai.
Chi sono?

4. Ho molte chiavi, ma non posso aprire alcun lucchetto.
Chi sono?

5. Ho un pollice e quattro dita, ma non sono vivo.
Chi sono?

6. Sono pieno di buchi, ma posso comunque trattenere l'acqua.

Chi sono?

7. Ti seguo e copio ogni tuo movimento, ma tu non puoi mai toccarmi o prendermi.

Chi sono?

8. Sono un edificio con migliaia di storie.

Chi sono?

9. Più mi togli, più divento grande.

Chi sono?

10. Più ne prendi di noi, più ne lasci dietro.

Chi siamo?

Risposte agli enigmi del cervello

1. Un asciugamano.
2. Un orologio.
3. La tua età.
4. Un pianoforte.
5. Un guanto.
6. Una spugna.
7. La tua ombra.
8. Una biblioteca.
9. Un buco.
10. Le impronte dei piedi.

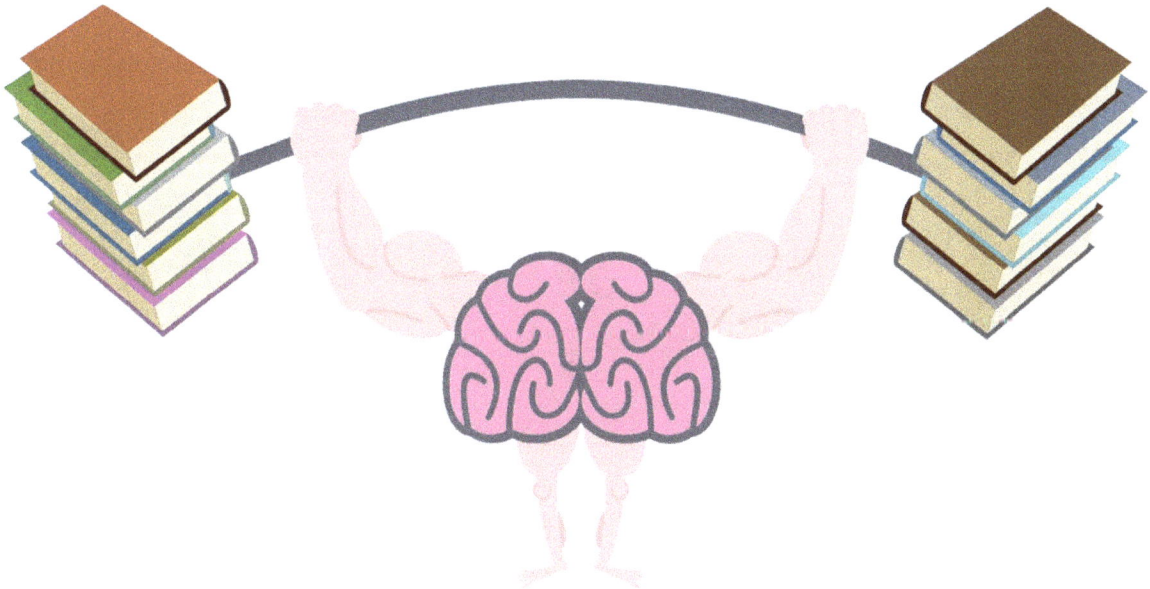

Altri titoli della serie "Fatti Casuali"

Il Libro dei Fatti
Casuali sulle Automobili

Mark Malkoun   Pauline Malkoun

Il Libro dei Casuali
Fatti sugli Aerei

Pauline Malkoun

Il Libro dei Fatti
Casuali dello Spazio

Pauline Malkoun

Il Libro dei Fatti
Casuali sul Sonno

Pauline Malkoun

Il Libro dei Fatti
Casuali sulla Lingua

Pauline Malkoun

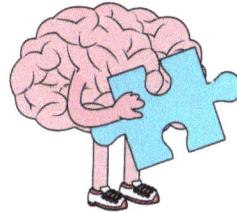

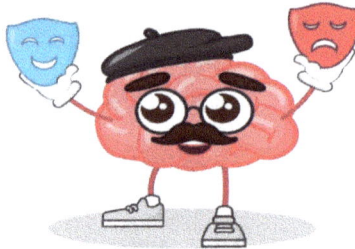

www.ingramcontent.com/pod-product-compliance
Lightning Source LLC
Chambersburg PA
CBHW080429030426
42335CB00020B/2655